Découvrons la météo

QuébecAmérique

Projet écrit et dirigé par Marie-Anne Legault, éditrice

Direction artistique : Marylène Plante-Germain
Illustrations : Joël Bissonnette, Anouk Noël, Carl Pelletier
Révision linguistique : Sabrina Raymond
Relecture éditoriale : Stéphanie Durand
Assistance éditoriale : Virginie Lessard-Brière
Conseillère pédagogique : Anne Gucciardi
Experte-consultante : Eve Christian, météorologue

Québec Amérique
7240, rue Saint-Hubert
Montréal (Québec) Canada H2R 2N1
Téléphone : 514 499-3000

Nous reconnaissons l'aide financière du gouvernement du Canada.

Nous remercions le Conseil des arts du Canada de son soutien.
We acknowledge the support of the Canada Council for the Arts.

Nous tenons également à remercier la SODEC pour son appui financier.
Gouvernement du Québec – Programme de crédit d'impôt pour l'édition
de livres – Gestion SODEC.

Canada   Conseil des arts Canada Council   SODEC
            du Canada   for the Arts   Québec

**Catalogage avant publication de Bibliothèque et Archives nationales du
Québec et Bibliothèque et Archives Canada**

Titre : Découvrons la météo.
Autres titres : Découvrons la météo (2023)
Description : Mention de collection : Moussaillons
Identifiants : Canadiana (livre imprimé) 20230061893 |
Canadiana (livre numérique) 20230061907 | ISBN 9782764451502 |
ISBN 9782764451519 (PDF) | ISBN 9782764451526 (EPUB)
Vedettes-matière : RVM : Météorologie—Ouvrages pour la jeunesse. |
RVMGF : Albums documentaires.
Classification : LCC QC863.5.D43 2023 | CDD j551.5—dc23

Dépôt légal, Bibliothèque et Archives nationales du Québec, 2023
Dépôt légal, Bibliothèque et Archives du Canada, 2023

Bienvenue moussaillon !

Je suis un robot explorateur. Je peux me transformer comme je veux pour voyager avec toi **partout**. Ensemble, partons à la découverte de mille merveilles.

Aujourd'hui, que dirais-tu de découvrir la **MÉTÉO** ? Enfile ton imperméable, nous allons voltiger dans le ciel. Prépare-toi à te faire arroser et ballotter dans tous les sens, comme dans un grand tour de manège !

Prêt pour braver tous les temps ?
C'est parti !

Moi aussi je veux faire ce voyage, car j'adore les manèges ! J'adore surtout me cacher... Sauras-tu me trouver ?

Table des matières

Ouvre grand les yeux !

Dans ce voyage, tu pourrais apercevoir…

- un cerf-volant qui virevolte
- un bel arc-en-ciel
- de jolies perles de rosée
- un tourbillon de vent

C'est quoi la MÉTÉO ?

La météo, c'est le Soleil, le vent, la pluie, la neige et les **températures**, chaudes ou froides. C'est le temps qu'il fait quand tu regardes par la fenêtre.

La Terre dans son cocon

On appelle «**atmosphère**» le cocon invisible qui enveloppe notre planète. Comme une immense bulle, elle contient l'air qui te permet de respirer. L'atmosphère contient aussi les nuages et tous les ingrédients de la météo !

des nuages

l'atmosphère

Les ingrédients de la météo

La météo est une recette concoctée dans l'atmosphère avec 3 ingrédients importants : la **chaleur** du Soleil, l'**eau** et le **vent**. Chaque jour, ici et là, ces ingrédients sont mélangés en quantités différentes. Résultat : le beau ou le mauvais temps.

La météo et le climat

La **météo** est le temps qu'il fait à un endroit, à un moment précis. Il fait beau ce matin, mais il pleuvra cet après-midi. Parfois, la météo change vite de comportement. Comme toi !

Le climat, c'est le temps qu'il fait d'habitude

Lorsque tu habites dans un endroit au **climat tropical**, il fait toujours chaud. Dans un **climat polaire**, il fait souvent très froid. Au contraire de la météo, le climat ne peut pas changer rapidement.

La ronde des saisons

Certains endroits du monde ont un climat qui change souvent de couleur. On dit aussi «**climat tempéré**». Il peut faire plutôt chaud ou plutôt froid selon la saison de l'année : printemps, été, automne, hiver. Toi, habites-tu dans un climat tempéré ?

Le vent souffle

Il fait voler ton chapeau, danser tes cheveux et virevolter ton cerf-volant. Il est **invisible**, mais tu l'entends et tu le sens sur ta peau. Voici le **vent** !

Vent qui caresse, vent qui pince

L'été, quand tu as chaud, le vent te fait du bien. Mais l'hiver, quand il fait froid, le vent est désagréable. Il pince tes joues et te fait frissonner !

Le vent, c'est l'air qui bouge

Lorsque l'air est chauffé par le Soleil, il devient chaud et léger. Il monte vers le ciel, comme une bulle. Vite, l'**air froid** bouge pour prendre la place vide laissée par l'air chaud. C'est le vent! Tu le sens parce que tu es sur son chemin…

Les visages de l'eau

Sais-tu que l'eau a 3 visages ? Il y a l'eau **liquide**, comme une goutte de pluie. Il y a l'eau **glacée**, comme un flocon de neige. Enfin, il y a la **vapeur** d'eau, invisible, qui flotte dans l'air.

L'eau se transforme et voyage

Imagine une goutte dans une flaque d'eau. Quand le Soleil la chauffe, elle se transforme en **vapeur invisible**. Toute légère, elle monte dans l'air.

L'eau forme un nuage

Dans l'air froid du ciel, l'eau se transforme
encore. Elle redevient liquide, en gouttelettes
d'eau. En se collant les unes contre les
autres, ces petites gouttes forment
un **nuage**.

L'eau tombe en pluie

Lorsque les gouttes sont trop lourdes,
elles sortent du nuage et tombent.
C'est la **pluie**... qui formera une
nouvelle flaque au sol !

Nuages, pluie et arc-en-ciel

Il y a parfois des nuages sans pluie. Mais il n'y a jamais de pluie sans nuages. Car ce sont les nuages qui font la pluie !

Magnifique arc-en-ciel

Parfois, un arc-en-ciel apparaît quand il pleut et fait soleil en même temps. En traversant les gouttes de pluie, la lumière du Soleil se sépare en 7 couleurs : rouge, orange, jaune, vert, bleu, **indigo** (bleu foncé) et violet. Comme c'est joli !

Pour bien voir l'**arc-en-ciel**, tu dois avoir le Soleil dans le dos pendant que tu regardes vers la pluie. C'est impossible de toucher ou de grimper l'arc-en-ciel. C'est juste de la lumière !

Bouquets de nuages

Certains nuages ressemblent à des moutons, d'autres à des queues de cheval. Il y en a aussi qui sont énormes comme des géants ! En observant les nuages, essaie de **prévoir** le temps qu'il fera.

Les nuages **cirrus** font penser à de minces cheveux blancs. Ils ne donnent jamais de pluie.

Le **nimbostratus** est un nuage qui couvre le ciel comme une épaisse couverture grise. Il va pleuvoir ou neiger pendant plusieurs heures, c'est sûr !

Le **cumulonimbus** est un nuage qui monte très haut dans le ciel, comme une tour. Le ciel devient alors sombre… Un orage éclatera bientôt !

Le **cumulus** est un joli nuage blanc. Il fait beau aussi longtemps qu'il reste petit. S'il grandit trop, il devient… un cumulonimbus !

Brouillard mystérieux

Sais-tu que tu n'as pas besoin de voler pour traverser un nuage ? Il suffit d'aller dehors un jour de brouillard… Et hop, tu marches à travers un nuage !

Matin brouillé

Le **brouillard** est un nuage tellement bas qu'il touche le sol. Il est fait d'une foule de gouttelettes d'eau qui flottent ensemble dans l'air froid du matin.

Voile blanc

Dans un brouillard, les
gouttelettes sont collées
les unes sur les autres.
Elles forment un voile épais
qui t'empêche de bien voir.

Jolies perles

Le matin, les gouttelettes
se collent souvent sur les
choses, comme les feuilles
et les toiles d'araignée.
Ces jolies petites perles
d'eau, c'est la **rosée**.

Cristaux de neige

Il neige ! Les maisons, les arbres et les voitures sont couverts d'un beau manteau blanc. Vite, habille-toi chaudement et sors ta pelle !

D'où vient la neige ?

Quand l'air est très froid, les gouttelettes dans les nuages gèlent. Elles deviennent des **cristaux de glace**. En s'assemblant, ces cristaux créent de magnifiques **flocons**. Admire ceux qui tombent sur ta mitaine. Ces joyaux sont tous différents !

Neige qui fond, neige qui reste

Dans les régions du monde où il y a 4 saisons, il neige surtout en hiver. Au printemps, la neige fond. Au pôle Nord ou au sommet des hautes montagnes, la neige reste toute l'année. C'est parce qu'il fait toujours froid.

Éclairs et coups de tonnerre

Vois-tu les immenses nuages noirs dans le ciel ? L'orage s'en vient. Place à un spectacle « électrisant » !

Énergie électrique

L'**éclair**, c'est de l'électricité qui se produit dans le ciel. On l'appelle aussi « la foudre ». L'éclair est si puissant qu'il remplit le ciel de lumière. Le **tonnerre**, c'est le bruit que fait l'éclair quand il traverse l'air.

un éclair

Un trop-plein d'énergie

Les **orages** sont fabriqués par les **cumulonimbus**. Dans ces nuages géants, les gouttes et les cristaux de glace bougent beaucoup. Ils se cognent ensemble, ce qui crée de l'électricité. Soudain, le trop-plein d'énergie est libéré dans l'air... C'est l'éclair !

Il pleut des balles

Le **cumulonimbus**, ce nuage d'orage qui s'élève haut dans le ciel, fabrique aussi des **grêlons**. Aïe, aïe, aïe !

Des petits pois et des balles

La plupart des grêlons sont gros comme des pois. Certains peuvent avoir la grosseur d'une balle de golf ! Attention ! S'il **grêle**, rentre vite à la maison.

-- un grêlon

Des montagnes russes dans un nuage

Dans un nuage d'orage, les gouttes et les cristaux montent et descendent, ballottés par les vents. Au sommet du nuage, il fait plus froid. À chaque passage là-haut, ils se couvrent d'un manteau de glace. Devenus des grêlons lourds, ils tombent au sol.

Tempête de verglas

Oh regarde ! Le paysage est couvert d'un beau glaçage scintillant. Tout semble figé dans le temps, comme dans un conte de fées ! C'est à cause du **verglas**.

Couverture de glace

Le verglas est une couverture de glace formée par la **pluie verglaçante**. Cette pluie tombe surtout en hiver. Elle se transforme en glace dès qu'elle touche les choses : arbres, rues, trottoirs...

du verglas ⋯→

Le verglas est joli, mais...

Une tempête de pluie verglaçante fait de gros dégâts. Quand la glace est trop lourde, elle casse les branches et brise les fils électriques. Le trottoir, la rue et la cour de récréation deviennent des patinoires. C'est glissant partout !

Coup de froid

Nous voici près du pôle Nord. Ici, il fait plus froid que dans un congélateur, brrrrr ! Il te faut un manteau chaud, comme les animaux de l'**Arctique**.

Gare aux blizzards

Un **blizzard**, c'est quand il fait très froid et qu'en même temps, il neige et il vente. Les vents forts soufflent la neige et tout devient blanc. Impossible de voir devant !

un renard arctique

Désert de glace

À l'autre bout de la Terre, près du pôle Sud, il fait plus froid encore. C'est l'**Antarctique**. Le sol est couvert de montagnes de glace. Des vents furieux soufflent sans relâche ! Personne n'habite ici, sauf les scientifiques qui travaillent dans des stations. Et les manchots !

Coup de chaleur

Voyageons d'un **climat** à l'autre à la vitesse du vent. Hop ! En un clin d'œil, nous voici dans un désert brûlant. Ouf, quelle chaleur !

Temps sec

Dans les déserts, il ne pleut presque jamais. À cause du manque d'eau, le sol devient tout sec. Malgré tout, des plantes et des animaux arrivent à vivre ici. Incroyable !

un renard
des sables

C'est la canicule

Même si tu n'habites pas dans un désert, tu peux vivre une **vague de chaleur**. On dit aussi «**canicule**». Il fait alors très chaud pendant plusieurs jours. Il fait tellement chaud que si tu restes au soleil, tu vas te sentir mal. Cherche l'ombre et bois beaucoup d'eau!

Puissantes tornades

Parfois, lors d'un gros orage, de l'air chaud rempli d'eau rencontre de l'air froid plus sec. Cette collision spéciale crée un tourbillon de vent sous le nuage d'orage. Une **tornade** se prépare...

Aspirateur géant

Quand le tourbillon de vent touche le sol, il devient une tornade qui aspire tout. Les tornades font de gros dégâts sur leur chemin. Elles emportent des arbres et même le toit des maisons ! Sauve qui peut !

une tornade

Vite au sous-sol

Heureusement, les
tornades sont plutôt rares.
Elles surgissent surtout au
printemps, dans les vastes
prairies. Lorsqu'elles
apparaissent, les gens
courent se mettre à l'abri
dans les sous-sols. C'est
la cachette la plus
sécuritaire.

Tempête monstre

Un **ouragan** est une gigantesque tempête venue des mers chaudes. On dit aussi «**cyclone**» ou «**typhon**». Regarde-le vu du ciel! Il est plus haut qu'une montagne et aussi vaste qu'un pays!

un ouragan

Sara arrive!

Sais-tu que les scientifiques donnent un nom à chaque ouragan? Leslie, Oscar, Sara… Tu entendras peut-être à la télévision: «Attention, l'ouragan Sara arrive!»

Pourquoi il y a des ouragans ?

L'été, l'eau des **mers tropicales** devient très chaude. Beaucoup de vapeur d'eau monte alors vers le ciel. D'immenses nuages de tempête se forment. Nourrie d'eau chaude et poussée par le vent, la tempête grossit et devient un ouragan !

Quand l'ouragan frappe la terre

Un jour, l'ouragan se déplace au-dessus d'une mer plus froide ou de la terre. Il perd peu à peu sa force, car il n'a plus sa nourriture : l'eau chaude. Mais avant de disparaître, la tempête de vent déverse une montagne de pluie. Gare aux **inondations** !

Détectives du temps

Sais-tu qu'il existe des détectives de la météo? On les appelle «**météorologues**». Ces gens surveillent le ciel, sans arrêt. Leur mission? Prévoir le temps qu'il fera!

Annoncer le beau ou le mauvais temps

Avec des instruments spéciaux, les météorologues recueillent toutes sortes d'indices dans l'air. Ces détectives examinent aussi les images prises du haut du ciel, par les **satellites**. En rassemblant tous les indices, ces spécialistes peuvent t'annoncer la météo.

Quel temps se prépare?

Est-ce que de la pluie ou de la neige viendra demain? Une tempête? Fera-t-il froid? Oh là là! Ce n'est pas le temps d'aller à la plage, mais de s'habiller chaudement. Les **prévisions météo** te permettent de bien choisir tes activités et tes vêtements.

Les outils des détectives

Le vent, la pluie, la neige... Chaque ingrédient de la météo laisse des traces. Les météorologues suivent ces pistes avec des instruments spéciaux. Comme la loupe des détectives !

La **girouette** montre la direction du vent.

L'**anémomètre** calcule la vitesse du vent. Plus il tourne vite, plus le vent souffle fort.

Nous savons combien de pluie est tombée grâce au **pluviomètre** qui la recueille.

Le **thermomètre** capte la chaleur du Soleil et mesure la **température** de l'air. Plus le chiffre indiqué au thermomètre est élevé (haut), plus il fait chaud.

De plus en plus chaud

Sais-tu que notre planète se réchauffe petit à petit ? Partout dans le monde, année après année, il fait plus chaud, même en hiver. Et même au pôle Nord !

Le climat se réchauffe

Rappelle-toi que le **climat**, c'est le temps qu'il fait d'habitude à un endroit. Au pôle Nord par exemple, il fait très froid. Mais depuis quelque temps, il fait moins froid que d'habitude. Le climat se réchauffe. La glace fond peu à peu !

Pourquoi fait-il plus chaud ?

Parce qu'il y a beaucoup de pollution dans l'air. Les **gaz** qui s'échappent des usines et des véhicules à essence créent de la **pollution**. En plus, ils capturent la chaleur du Soleil. Plus il y a de pollution, plus l'air se réchauffe !

Quand le climat se dérègle

La nature n'aime pas qu'on bouscule ses habitudes. Le réchauffement du climat, même s'il se fait petit à petit, provoque de gros dégâts !

un feu de forêt

Gare aux tempêtes

Lorsque le climat se réchauffe, l'océan se réchauffe aussi. Et quand la mer est très chaude, des **ouragans** se forment. Les tempêtes sont de plus en plus fortes.

Vagues de chaleur

Le réchauffement du climat provoque aussi des **canicules** plus chaudes et plus longues. Ces grandes périodes de chaleur entraînent des **sécheresses**. La nature a soif. Tout devient sec. Une petite étincelle peut alors mettre le feu à une forêt !

Et toi, que peux-tu faire?

Il existe des solutions pour **freiner** (ralentir) le réchauffement du climat. Tout le monde peut participer, même toi !

Fais pousser des plantes

Les arbres et les autres plantes sont bons pour l'**environnement**. Ils rendent l'air plus **frais** et plus **pur**. Il fait donc moins chaud quand il y a des plantes. Enfile des gants et fais du jardinage avec tes parents !

des fines herbes

Roule... sans voiture

Comme il est agréable de faire une promenade en famille! Pour la prochaine sortie, pourquoi ne pas laisser l'automobile à la maison? Il y a bien d'autres façons de se balader: à pied, à bicyclette, en train... C'est beaucoup mieux pour l'environnement. En plus, c'est amusant!

Activités de découverte

Le vent souffle ? Sors ton cerf-volant. Il pleut ?
Mets des vêtements de pluie pour sauter dans les
flaques. Il fait chaud ? Vive la baignade ! Chaque
jeu en son temps et un temps pour chaque jeu !

Observe les nuages avec tes camarades

Quelles formes ont-ils ? Laisse aller ton imagination !
Vois-tu des personnages ? Des animaux ? Des robots ?